택시 기사, 시인이 되다

| | |
|---|---|
| 초판 인쇄 | 2024년 8월 26일 |
| 초판 발행 | 2024년 8월 30일 |
| 지 은 이 | 권혁국 |
| 발 행 인 | 권희정 |
| 발 행 처 | 중앙 & 미래 |
| 등록번호 | 제 406-2020-000117호 |
| 주　　소 | 경기도 파주시 청석로 300 |
| 전　　화 | 1588-1312 |
| 팩　　스 | 031)973-0404 |
| 이 메 일 | jclee63kr@naver.com |
| 디 자 인 | 권예령 |
| I S B N | 979-11-983722-1-5　03800 |
| 정　　가 | 12,000원 |

※이 책은 저작권법에 의하여 보호를 받는 저작물이므로 무단전재 및 복제를 금합니다.
※이 책은 전부 또는 일부를 이용하려면 저작권자와 출판사의 동의를 받아야합니다.

# 택시 기사, 시인이 되다

松川 권혁국

## 시인의 말

남녀노소 누구나
희로애락을 말하고
들을 수 있는 택시 안 풍경

뿌옇고 아련한 인생사
어제, 오늘, 내일

달리고 달리는 작은 공간에
나만이 누릴 수 있는 행복

오늘은 누구를 만나
무엇을 배울까
날마다 배우는 인생길

설레는 마음으로
자동차 시동을 켜고
힘차게 출발한다

어느 늦은 여름날

# 차례

## 인생

| | |
|---|---|
| 삶 Ⅰ | 10 |
| 전환점 | 11 |
| 가는 해 오는 해 | 12 |
| 경청 | 14 |
| 고민 | 15 |
| 고갯길 | 16 |
| 기타 | 18 |
| 깡통 | 19 |
| 꿈 | 20 |
| 낙서 | 21 |
| 님 | 22 |
| 마음속으로 | 24 |
| 無心 | 25 |
| 벙어리장갑 | 26 |
| 사랑 | 27 |
| 비암리 장수마을 | 28 |
| 삶 Ⅱ | 30 |
| 송천당 | 31 |
| 새해 다짐 | 32 |
| 욕심 | 34 |
| 시간 | 35 |

| | |
|---|---|
| 앞집 사장 | 36 |
| 이웃사람 | 37 |
| 인연 | 38 |
| 지영이 | 39 |
| 행복 Ⅰ | 40 |
| 행복 Ⅱ | 41 |
| 화목보일러 | 42 |

# 가족

| | |
|---|---|
| 효도 | 46 |
| 거울 | 47 |
| 고향 집 | 48 |
| 자식 사랑 | 50 |
| 부모 | 51 |
| 부모님 | 52 |
| 삼 남매 | 53 |
| 세월 | 54 |
| 어머니의 세월 | 56 |
| 엄마 I | 57 |
| 엄마 II | 58 |
| 엄마 III | 59 |
| 엄마의 약속 | 60 |
| 옆 사람 | 61 |
| 국민학교 운동회 | 62 |
| 이름 | 64 |
| 회상 | 65 |
| 놀이 | 66 |

## 택시

| | |
|---|---|
| 기사의 하루 | 70 |
| 노승객 | 71 |
| 나의 애마 | 72 |
| 애마를 보내며 | 74 |
| 운명 | 75 |
| 택시 기사와 시인은 같은사람 | 76 |
| 택시 기사 I | 77 |
| 택시 기사 II | 78 |
| 택시비 | 80 |
| 택시 안 풍경 | 81 |

# 자연

| | |
|---|---|
| 단풍 | 84 |
| 미소 | 85 |
| 가을 | 86 |
| 가을 풍경 | 88 |
| 가을바람 | 89 |
| 겨울 문턱 | 90 |
| 국화 | 92 |
| 꽃잎 | 93 |
| 돌 | 94 |
| 흐르는 물 | 96 |
| 먹구름 | 97 |
| 물망초 | 98 |
| 봄 | 99 |
| 사계절 | 100 |
| 사마귀와 여치 | 102 |
| 장미 | 103 |
| 파도 | 104 |
| 호박꽃 | 105 |
| 흔적 | 106 |
| 새싹 | 107 |
| 감자 | 108 |
| 낙엽 | 109 |

인생

# 삶 I

삶은
나 스스로 성장하는 것이
아니라
옆 사람 사랑으로 크는 것이다

인생이
그걸 모르고
내 삶만 최고라 한다.

내 삶에
지팡이가 필요할 때
작대기 하나 건네주는
그 사람이
진정한 사랑이 아닐까

왜
그 마음
잠시 잊고 살까?

## 전환점

천 권의 책을 털어버리고
내 인생은 다시 시작이다.
사라지는 것이 아니라

내 인생의 전환점이 되었다

## 가는 해 오는 해

가는 해 눈 가리고
달리는 경주마처럼
앞만 보고 한 해를 달려왔는지
주변 풍경을 돌아볼 여유가
없는 삶을 살았는지
주마등처럼 스쳐 지나가는
흐린 기억 속의 잔상들

혼자가 아닌 둘
둘보다 여럿이 나누는 게
사랑이란 걸

내가 해주지도 못했는데
남을 위해 헌신하는
당신이 있기에 행복함을

모두가
감사하고 고맙습니다
지난해에는 즐거움을
오는 해에는 소망을 이루길
가는 해에는
사랑 행복 감사한 마음으로
마침표를 찍고 싶다
길손은 힘들어도
마음만은 풍성한 선물

## 경청

좋은 소리 나쁜 소리
고운 소리 험한 소리
긍정적인 말
부정적인 말

말하는 나보다
듣는 네가
아름다워 보이고

한층 더 돋보이는
당신 인내심

## 고민

구름들이 모여서 고민을 한다

소나기를 내릴까
천둥 번개를 만들까
보슬비를 내릴까
장대비를 보낼까

마음대로 안 되는 것이
인생

## 고갯길

고개 넘어 기산리
다시 넘는 고개 비암리
정으로 이어진 고갯길
길손은 힘들어도
마음만은 풍성한 선물

기산리에는 솔의 정원
비암리에는 송천당이 있다

## 기타

난생처음 잡는 코드
손가락이 아프고 쥐가 난다.

이 나이에 어떻게 따라가지

상대는 토끼
나는 거북이

따라잡기 힘든 기타 선율

도전,

또 다시 도전
그래도 힘들다
기타 신입생

## 깡통

깡통이 굴러간다
데그루 데구루
데굴데굴

소리가 천차만별

어린아이의 울음소리
유치원 아이 웃음소리
청소년 우렁찬 목소리
중년의 묵직한 소리

그중에 제일은
할머니 할아버지
파안대소가 최고다

찌그러진 너는
쓸모가 있을까
세상에 태어난 순간
넌 소중한 존재야

# 꿈

꿈을 꾼다

아침에 눈을 뜨면
달아나 버릴 꿈

꿈속에서는 화려한 파노라마
눈 뜨면 허상인데
우리는 꿈을 먹고 산다

백발의 노인은 꿈속에서
깨어나지 않기를 바라고
개구쟁이 아이들은
어른이 되고픈
꿈을 가진다

우리는 무지개 환상을
쫓고 있다
꿈을 향해

# 낙서

변소 똥 누다가
옆을 보니
너 나 좋아한다면서
얼레리 꼴레리

하하 호호
내가 질투를 한다.

좋아했는데
말도 못 했는데

짝사랑 연정

# 님

이제나 오려나
저제나 오려나
가신 님은 올 생각을 안 하고
여기가 천국이다 하고
돌아오지 않는 님

이내 가슴은
돌덩이가 되어
님을 잊지 못하네

## 마음속으로

고마운 마음은 고마움으로
감사한 마음은 감사함으로
사랑한 마음은 사랑함으로

우리들은 늘 생각하겠지
너의 맘 내 맘 다른데
그래도 좋다
네가 있고 내가 있다.

참 인연은
어디까지 일까
알 수 없는 게 인생이니까

## 無心

각양각색 마음
웃고 울고 떠들다 보면

여긴 어디

너와 나
생각이 다른데
알 수 없는 우리들의 환상

## 벙어리 장갑

한 쪽을 잃어버릴까
끈으로 이어준 벙어리 장갑
서로의 사랑으로
온기를 느낀다

부부의 끈은
믿음, 헌신, 사랑으로

백발이 되도록
변함없는 삶을 살았다

생각하면
더 바랄 것 없는 행복이다

# 사랑

생명이 존재하는 모두가
사랑이란 걸 느낍니다

사랑
신이 내려준 귀중한 선물
참 아름답습니다

사랑
미약한 존재지만
사랑은 사랑으로
하염없는 존재감을 준다

## 비암리 장수마을

맑은 공기와 맑은 물
살기 좋은 곳

노모와 장모님
함께 사는 장수마을

푸른 하늘
푸른 산
새소리 물소리
세상의 모든 소리가
친구가 되었다

장닭이 울면
호비도 짖어준다
비암천 개울물 소리
새벽을 함께 해 주네

마을버스 첫차가
새벽바람을 싣고
가고

향기로운 새벽 공기가
오늘도 힘이 되어 주네

# 삶 Ⅱ

네 삶이 다르고
내 삶이 다른데
어찌 너를 따르라 하면
나는 어쩌라고
서로가 인생이 다른데

내 인생은
너의 그림자 안에서 사는 게
아니지

나 스스로 찾아가는 게
자유로운 삶이 아닐까

## 송천당

양주 비암리 장수마을

자연과 함께 산다는 것은
새소리 물소리 하나하나
세상 모든 소리가 내게 들린다

탁 트인 풍경에
눈을 뜬다

세상의 모든 색이
내게 보인다

사색의 친구가 되어주는
송천당

나는 오늘도
자아를 찾고 있다

## 새해 다짐

새해에는
무엇을 하지
생각하는 목표는 수백 가지
머릿속은 실타래

이것이다 정한 것은 많은데
많은 생각들이
마음속으로 춤춘다
마음과 마음으로 전하는 것이
속마음이 아닌지
내가 나를 알 수가 없듯이
나는 내 마음을 알까

번뇌의 반복 속에
애타는 마음은 가슴이다

그래
실천하는 삶이 성장하는 거야

그래
도전이다

하나하나 성취하는 것이
인생이다

그래
마음속을 꺼내서
행동으로 실천하자

마음만은 풍성한
새해 선물

## 욕심

알이 병아리 되듯이
암탉인 줄 착각하는 마음

그 자리에 머물 수 있는 마음
참 어렵다

마음 가는 것이
내 마음 아닐까

가끔 하늘을 보자
욕심 버리고

# 시간

내게
주어진 시간은 24시

어떤 목적으로
생활할 수 있을까

현실의 생
남을 위한 생
나를 위한 생

참 어렵다
네 생각은 어떠냐
내 생각은 이렇다

마음 가는 것이
정의든
불의든
올바른 길이다

## 앞집 사장

비암리 땅을 사면서
앞집 사장과 처음 조우했다
본인도 맞은편 땅을 샀다고

그런 저런
인사를 나누며 지나갔는데
나는 비암리 집을 짓고
앞집은 건너편에 물류창고를 짓는다

참
묘한 인연이다
이건 우연도 아니고
천생연분인가
그래 그렇게 믿자

내 핸드폰은
앞집 사장으로 저장되었다

## 이웃사람

한 송이 장미가 아름다운 것은
안개꽃이 주변을 감싸기 때문
엄마 품같이 모든 것을 보듬어 준다

내가 살아가는 것은
이웃사람 정과 희생
마음으로 어우러져 있기 때문

나보다
남을 배려하는 마음
한 번쯤 고개를 들어
하늘을 보며 상념에 잠긴다

## 인연

생각지 못한 만남이
나의 영혼을 깨우치게 하는
단초가 될 줄은 몰랐다

바람결에 스쳐 지나가는
인연이
수없이 지나갔건만

생각과 삶의 족적으로
남길 수 있는 만남은
손가락으로 헤아릴 수 없는
인연

백사장 모래알보다
더 소중한 인연

# 지영이

내 거 니 거 없이 어깨동무하고
노래 부르며 허물없이 보낸 시절

동무에게 무한한 정과 사랑으로
종달새처럼 노래로
꽃을 좋아해
앞 날을 수채화로 그렸던
지영이

이제는 나비가 되어
자유로운 미지의 세상에서
지난날들의 일상을 훨훨 털어버리고
한 조각구름이 되어
꿈꾸어왔던 소망을 이루기를 바란다
지영아

## 행복 I

희미하게 스쳐 지나가는
지난날들의 추억
그리움 미움 즐거움
가슴속에 아련히 간직한 채
앞만 보고 달려왔지

마음의 여유가 없던 시절
응어리를 내려놓고
손을 내밀고 싶다
서로서로 사랑으로
마음을 보듬어주는
행복의 길로

# 행복 Ⅱ

오늘
참
행복하다

따스한 사람
정 많은 사람
너무나 고마운 사람
오늘 만난 사람들

이것이
진실한 행복이다
오늘도 잘 살았다

## 화목 보일러

겨울 동장군을 생각 않고
안이한 생각으로.
겨울이 지나가겠지
무심한 마음으로 생각했는데
설 지나면서
엄동설한 춥다고
난리 치니

이제야 월동 준비한다고
화목 보일러 설치하고
통나무 사놓고
소란을 떤다

탁, 탁
보일러 불길은
활 활 타오르고
한심스러운 주인장
불 앞을 못 떠난다

가
족

## 효도

아들, 딸 집에 가자면
난 싫어

아파트 홀로 있는 게
난 싫어

눈뜨면 모두 일자리로
나가고
나 홀로 있는 것이
효도가 아니야

나의 자유가 어디지
있는 그대로 그 자리에 있고 싶어

사랑한다 아들, 딸

# 거울

부모는 자식의 거울
자식은 부모의 거울
거울을 보면 닮은 얼굴

거울아 거울아
동화책 속에서 이야기가
동심으로 마음속으로
서로가 한 몸이 되어
있는 그대로 보여주는 너

거울이 있기에
마음을 감출 수가 없다.

## 고향 집

그리울 때나 외로울 때
찾아오는 고향 집
다 기울어가는 대들보
거미줄과 곰팡이
먼지가 뽀얗게 보이는 구들장

어둠이 깔린 앞마당에는
잡초만 무성할 뿐
돌처럼 굳어버린 마음

과거의 향수와 온기는 간데없고
노부부의 주름 살만 늘어난다

## 자식사랑

엄마는
항상 그리움입니다

내 나이
칠순을 바라보는데

엄마는
차 조심 사람 조심
근심 덩어리 아이로
생각한다

치매라 말하지만
엄마는
늘 자식 걱정

참
진한
사랑이다

# 부모

돌고 도는 길

옛적에는
엄마가
우리를 키웠지만

현실은
내가 엄마를 케어한다
어린이가 된 모습

인생은
윤회인가
탄생인가

## 부모님

엄마 아빠
불러도 불러도
그리운 이름
정말로 무한한 사랑
그립습니다 고맙습니다
사랑합니다 위대합니다
나의 사랑 부모님

가신 부모님
있는 부모님
사랑합니다

부모님이 있기에
태어나서 행복합니다
나만의 삶은 상상할 수 없다

## 세월

희미하게 스쳐 지나가는
지난날들의 추억
그리움 미움 즐거움
가슴속에 아련히 간직한 채
마음의 여유가 없던 시절

응어리를 내려놓고
손을 내밀고 싶다
서로서로 사랑으로
마음을 보듬어 주는
행복의 길로

## 삼 남매

개성이 다른
뜰 앞에 세 그루 나무

방패막이 장남 소나무
가족을 사랑하는 마음이
사시사철 푸르름을 선택했구나

자유분방한 둘째 낙엽송은
형을 이기려고 훤칠하게
키를 키웠구나

집안 막내 버드나무는
고운 피리 소리로
근심 걱정을 덜어주는
집안의 애굣덩어리

제각기 다른 모습이
나의 형제들을 닮아있구나

## 어머니의 세월

외아들밖에 모르는 29년생 어머니
늘 최고의 사위로 만들어 주는 30년생 장모님

살 없는 손등과 곱디고운 모습은 어디로 가고
얼굴에는 검버섯이 화사하게 피었네

마음과 행동은
철부지 어린아이
자식 사랑만큼은
하얀 목단 꽃

# 엄마 I

엄마 엄마
아무리 불러도
그리운 엄마

미안합니다
죄송합니다
사랑합니다

오래오래 사세요
어릴 적 철부지로
엄마 품에 자식이 스며들게요

# 엄마 II

누가 뭐라 해도
나의 엄마는
내 엄마라는 사실

엄마에게 해줄 수 있는 마음은
나의 육체 영혼
사라지는 한이 있더라도
모든 것은 엄마 것

엄마
살아있는 날까지
행복 건강한 삶을 누리세요

엄마
내 엄마라서 행복합니다

# 엄마 Ⅲ

엄마
엄마
엄마가
존재하는 한
남부럽지 않게 행복합니다

어린아이가 되셔도
소꿉친구 해드릴게요

## 엄마의 약속

엄마 해님 떠있을 때
데리러 오세요

손가락 약속

그래 그래 꼭 지킬게
그 약속을 할 수가 없구나

오늘도
달님 보고 데리러 가네
지키지 못하는 엄마의 약속

## 옆 사람

이럴 때는 보름달
저럴 때는 초승달

예뻐 보이다가
안 예뻐

칠십을 바라보는데
알 수 없는 당신 마음
오리무중 갈 길을 잃는다

뭘 잘못했는지
알 수 없는 옆 사람 마음
땅 하늘은 알 수 있을까

사랑하고 사랑합니다

### 국민학교 운동회

청군 이겨라
백군 이겨라
박 터트리자 내가 이겼다

참
그립다
옛날로 돌아가고 싶다
청군 백군

가을 운동회
온 마을 축제

그 시절로 돌아가고 싶다

가족 63

## 이름

누군가가
내 이름을 불러주면
이런 영광이 있을까

집에서는
여보 당신 자기
누구 엄마 아빠
사회에서는
사장님 실장님 이사님
여사님 사모님

그래도
나의 시에는 호가 있고
이름이 등장한다
나름대로 잘 살았다

이름 석 자가 있으니까

# 놀이

돌잔치 무엇을 잡을까
돈 연필 실 포도

내가 원하는 것이 아닌데
운명이라니
무의식 선택이 미래라니

나이 들면서 느낀 감정
잘 놀았을까
잘 놀고 있는 걸까

## 회상

나는 부모님께 어떤 자식일까
창가에 앉아 망상에 잠긴다

엄마는
버스비가 아까워
십 리 길 읍내 5일 장날
소쿠리 머리에 이고
젖먹이를 등에 업고
산비탈을 지나 오솔길 신작로 길
읍내 번화가 돌아오는 길

한 손에 고등어자반
소쿠리에는 갖은 생활 물품
힘들어도 등에 온기를 느끼며
새근새근 곤히 잠든 아이 모습
육신은 힘들어도
마음은 행복의 날갯짓을 한다

엄마는
어린아이로 돌아가는데
자식은 철없는 행동만 한다

택시

## 기사의 하루

나는 택시 기사
좁은 공간 세상은
작은 우주를 만든다

수많은 별들 중
나는 갑
너는 을
옛적에는 박사, 사장, 회장
존망 받던 인생을 살던 삶
핸들을 잡고
복잡한 골목길을 달린다

승객들은 기사를
자신의 종으로 생각한다
본인이 지불한 권리가 있는
당신이 회장님

그래도 일할 수 있는
힘이 있어
인생이 즐겁다

## 노승객

승객이 탑승했습니다

나이는 칠십 대 중반

돈을 모으는 것보다
사람을 모으는 것이

인생 성공이고
잘 살았다 생각하는

노승객의 말 한마디가

하루 종일 귓가에 맴돈다.

## 나의 애마

겨울을 맞이하는 길목에서
애마가 밤새 춥다고
단풍으로 이불을 만들었네

바람결에 사라지는
하룻밤의 꿈
일장춘몽인 걸 알았을까

깊어가는 가을밤
단풍 이불로
겨울을 준비하네

## 애마를 보내며

40만km를 여행한 애마
좁은 공간 속에서
희로애락과 부귀영화
인생을 보람되게 이끌어준
나의 애마

너를 떠나보내는 마음
항상 곁에서 길손이었던 너
고맙고 감사하고
미안하고 사랑했다

너의 영광을 이어받아
신생아 전기 애마로
힘찬 인생을 출발하련다

## 운명

아스팔트 위 은행 한 알
높은 햇살 아래서
자동차 바퀴에
생사의 갈림길에 선다.

## 택시 기사와 시인은 같은 사람

택시와 한 몸이 되어
오늘도 미지의 손님을 향해
시동을 건다

어떤 손님과 동행을 할지
서울로 가는 길이 설렌다

하소연도 하고
자랑도 하고
속풀이도 하고
칭찬도 하고

손님들의
말 한마디 한마디가
모두 시가 된다

손님들의 인생사를 들어주는
나는 서울 택시 기사

# 택시 기사 Ⅰ

희미하게 스쳐 지나가는
지난날들의 추억
그리움 미움 즐거움
가슴속에 아련히 간직한 채
마음의 여유가 없던 시절

응어리를 내려놓고
손을 내밀고 싶다
서로서로 사랑으로
마음을 보듬어 주는
행복의 길로

## 택시 기사 II

목구멍에 거미줄을 치고
택시는 움직인다
비암리를 떠나 서울로 향한다

손님은 없다
물가는 오르고
금리는 올랐다

육순의 나이에
가지고 있는 건 운전면허

애마를 타고
정처 없는 길을 간다

어디로 가는지 모른다
그러나 나는 가야 한다

삶은 멈추지 않는다
그래서 나는 움직인다

손님 없는 텅 빈 택시
기다림의 연속

애마도 울고
나도 운다

서민들의 삶은 슬프다
열심히 일하지만
항상 가난하다

낡고 망가져 있는
애마를 끌고 다니지만
오늘도 희망을 찾아 떠난다

## 택시비

술 먹을 돈은 있어도
택시비는 없이
동행 목욕탕 목욕 이용권
티켓 하나 덜렁 놓고 가네
양심은 조금 있다

## 택시 안 풍경

50대 부부 대화
참 신선한 모습으로
심장을 뭉클하게 한다

서로 존댓말로 대화한다

정감 어린 말투
한없는 사랑이 보인다

당연한 부부의 대화
부끄러움을 느낀다

자 연

## 단풍

산 정상에서
울긋불긋 단풍이
아래로
아래로
내려온다

자유를 찾으러
허기진 배고픔으로
앙상한 가지만 남아
봄을 위해
희망을 주는 선물일 줄이야

우리는 너를 보려고
올라가는데
너는 욕심을 버리고
내려온다

# 미소

시골 마을 낮은 돌담 사이로
홀씨가 날아와
양지바른 돌 틈바구니에서
살포시 고개를 내밀며
수줍게 인사하는 들국화

나그네는 새색시 마냥
엷은 미소로 마중을 하네

## 가을

붉은 단풍
노랑 은행
네가 이쁜지
내가 예쁜지

자태를 뽐내는 모습이
아름다움을 향유하면서
덧없는 멋을 부린다

지나가는 나그네는
눈으로 호사하고
귀로는 잔잔한 속삭임
마음으로는 행복함을

이 가을
만찬에 초대해 줘서
소소한
즐거움을 만끽한다

## 가을 풍경

호랑나비 금낭화 주위로
살랑살랑 춤을 춘다
고추잠자리 코스모스 위에서
너울너울 맴돌고
꿀벌은 마지막 겨울 양식을
저장하기 위해 쉼 없이
국화꽃을 몸살 나게 한다

배짱이는 어디 가고
귀뚜라미 울음소리
청량하게 울려 퍼진다.

# 가을바람

가을바람이 살랑살랑
내게로 다가온다
무엇을 전하려는지

겨울이 오기 전
무거운 짐을 내려놓고
가슴을 비우는 연습을 하고 있는지

따스한 봄볕과
뜨거운 뙤약볕 아래
미래를 위해 결실을 맺으며

겨울을 위해
모든 것을 내려 놓는다.

## 겨울 문턱

겨울 문턱에서
산천초목이 쥐죽은 듯
숙연해진다

스쳐 지나는 바람 소리에
나뒹구는 나뭇잎

화들짝 놀라
어느 틈새라도
머리를 처박고 나오려 하지 않는다

산 짐승들은 어디로 갔을까
곳간에 모아둔
양식은 잘 있는지
혹여나 보관한 것을 몰라
엄동설한 추위를 이겨낼 수 있을지

그래도 살아서
우리 곁으로 오겠지

배추 삼백 포기
무 삼백 포기
연탄 삼백 장 장만하면
어느 부잣집도 부럽지 않은
겨울을 버티어 낸
옛사람이 그립습니다

## 국화

너는 밤이 길어야
꽃망울을 만들 수 있는
운명으로
삶을 시작한다

인내와 고통을 감내하면서
찬 서리가 색깔을
더 곱고 진하게 만든다

죽은 자에게
봉사와 헌화로
슬픔을 덜어주는구나

산 자에게는 환희와
즐거운 행복을
선물해 준다

꽃잎이
한 잎

두 잎
떨어진다

기쁨인가 슬픔인가
행복 아니면 절망

너만 알고 있는 것을
내가 알려고 하는 마음

꽃을 보는 연정이 아닌지?

# 돌

큰 돌, 작은 돌이
옹기종기 모여서
마을을 만들었네

큰 돌은 큰 돌 대로
작은 돌은 작은 돌 대로
다 소중한 존재다

큰 돌을 지탱하기 위해서는
작은 돌의 희생이 따르고
작은 돌은
큰 돌 그림자 안에서
평화를 찾는다.

세상사 모든 것이 미미한
존재지만
서로가 서로를 인정하고
의지해야만
생을 영위할 수 있다

나만의 삶은 상상할 수 없다

## 흐르는 물

물이 흐르는 것은
평화로워 보이지만
저마다 생각이 있다

작은 돌에 부딪힌 놈
큰 바위에 부딪힌 놈

스스로 선택하는 것이
내 인생이다

작은 것에 노하고
큰 것을 소홀한 게 아닌지

흐르는 물에
내 감정을 묶는다

# 먹구름

하늘에서 먹구름이 모여서
원탁 사담을 한다

소나기를 내릴까
천둥 번개를 만들까
보슬비를 내릴까
이슬비를 보낼까

지금은 고민 중이야
내 마음대로
안 되는 것이 인생이야

파란 하늘만
있는 것도 아니야

독야청청 나 홀로
인생을 사는 게 아닌지
홀로된 사랑은 없고
두 마음의 사랑이지
하여간

## 물망초

새벽이슬 먹으며
고운 비단 한복으로
아침햇살 가득히 맞이하는
청아한 모습

단아한 모습이
한낮의 햇볕 아래서는
무용지물이구나

# 봄

첫사랑을 느끼는 봄
가슴이 두근거리고
얼굴에 홍조를 보인다

부끄러움을 감추려고
하늘에서 봄비가 살랑살랑
바람결에 춤을 춘다

## 사계절

자연이
내게로 온다
나는 해준 게 없는데
너는 무한한 사랑을 준다

봄에는
모든 만물이 기지개 펴면서
생명의 불씨를 지피고

여름에는
혈기왕성한 모습으로
울창한 숲과 산소를 공급하고

가을에는
풍성한 결실과
아름다운 물감을 선물하고

겨울에는
앙상한 가지만 남아

눈송이를 이불 삼고

다음에 올
봄을 생각하겠지

## 사마귀와 여치

곤충 두 마리
창문 밖에서
일광욕을 즐긴다

가을 햇살 아래서
행복한 모습으로
졸음을 만끽하고 있다

밤샘 추위와
새벽 서리를 맞느라
육신은 얼마나
혹독한 밤을 지새웠을까

너의
속마음을 알 것 같지만
마음으로
위로와 정을 줄 수밖에

# 장미

가시가 심장을 찔러도
아픔을 이겨내고
붉은 장미 탄생

사랑으로 위로한다

## 파도

넘실넘실
출렁이는 파도
너는 어디에서 왔니

엄마 보러 왔니
오빠 보러 왔니
님 보러 왔니

파란 물감으로
수놓은 하늘과 바다
참 고운 비단 옷

엄마 품속 같은
석양에 안겨
잠이 든다.

## 호박꽃

세 시 방향 작은 꽃망울
너무나 소중한 생명을
잉태하였구나

한 시 방향 꽃봉오리
유년 시절 꿈을 먹으면서
미래의 등불이었지

열두 시 방향 성장한 꽃으로
늠름한 청년으로서
우리들의 기둥이었지

여섯 시 방향 만개한 꽃
인생을 즐기면서
과거의 새옹지마를
느끼겠지

참 즐거운 삶이었다고

## 흔적

호명산을 호령하던
호랑이는 간데없고
수리부엉이가
창공을 지배한다

애룡호수에 노닐던
용은 여의주를 도둑맞아
승천하지 못하고
물속에서 잉어로 유유자적한다

흔적은 사라지고
소문으로 전해지는
호랑이와 용
보고 싶다.
애룡호수에서

## 새싹

뽀드득 뽀드득
소리가 들리는 것 같다
살얼음이 녹으면서
올라오는 파란 미소

참 아기 같은 모습
올 일 년을 어떻게 버틸지

탄생은 아름다움의 연속
희망의 노래를 들려주는 너
무한한 용기에 감동을 준다

## 감자

삶은 감자
하얀 분내 나는 속살
김치 한 조각 올리면
군침 도는 입가에
미소를 지으며 풍족함을 느낀다

## 낙엽

몇 개 안 남은 나뭇잎
찬바람에 휘청거린다
정말로 가을이 가는구나

행복함
풍성한 결실
아름다움을 준 너에게
안녕이라는 인사는 다음에 하련다

해설

# 삶의 꽃으로 피어나는 시

전종호(시인)

공자님은 시를 민정(民情)이라고 말했습니다. 알다시피 공자님은 중국 고대부터 전해져 내려오는 시 삼천 편을 모아 그 의미와 수준을 따져 삼백여 편을 선정하고, 그 내용에 따라 분류하여 시집을 엮었습니다. 그 시집이 오경의 하나인 시경(詩經)입니다. 시가 경(經)이 되었습니다만, 시의 본질은 민정(民情)이라고 말했습니다. 민정(民情)이란 보통 사람들의 울고 웃고, 슬프고 기쁘고 하는 감정 즉 희로애락(喜怒哀樂)입니다. 시의 형식을 무엇으로 말하든 시라고 하는 것은 결국 이러한 인간의 감정을 적절하게 표현하는 것입니다. 공자님은 이러한 인간의 감정을 표현하는 방법으로 교화 또는 풍자(風), 정치적 교훈(雅), 제사의식과 찬미(頌)를 들었습니다. 한 마디로 시가 표현할 수 있는 영역은 사소한 개인의 감정 표출부터 국가와 조상들의 찬양에 이르기까지 다양하다고 할 수 있습니다. 따라서 시의 수준은 감정이나 생각의 대소경중(大小輕重)이 아니라 그 섬세한 표현의 차이에 있다고 할 것입니다.

권혁국 시인은 유년 시절 소꿉친구가 없다고 말합니다. 철도공무원인 아버지의 잦은 인사이동으로 인해 중앙선을 따라 지리적 이동을 해야 했기 때문입니다. 안동, 영주, 제천, 원주, 청량리로 전학을 다니며 학교생활을 했습니다. 경상도와 충청도, 강원도와 서울을 넘나들며 살았습니다. 정처(定處), 정해진 자리 없음, 노마드의 성격이 그의 정체성으로 오랫동안 자리매김했으나, 그것은 오히려 한 곳에 대한 정착이라는 반대 지향을 강하게 형성하는 요소가 되었습니다. 정착의 가장 중요한 요소는 장소와 사람입니다.

그는 삼십 년 넘게 운영해 오던 서울의 서점을 정리하고 기산리 골짜기에서 오랫동안 꿈꾸어 왔던 문학의 길을 시작했습니다. 정착의 끈을 붙잡아 준 것은 물론 그의 가족입니다. 문학의 길을 시작할 수 있도록 안내한 사람들은 기산리 골짜기에 자리 잡으면서 알게 된 이 골짜기의 원송문학회 시인들입니다. 서점을 정리하고 직업을 택시 기사로 바꾸고, 단순한 직업인에서 시인의 삶으로의 전향을 아래와 같이 다짐하고 있습니다. 사라지는 것이 아니라 전환하는 것이라고. '다시 시작이다.' 에서 시작이다 뒤에 찍힌 마침표(.)에서 전환점으로서의 새 인생을 시작하는 시인의 비장함을 느낍니다.

천 권의 책을 털어버리고
내 인생은 다시 시작이다.
사라지는 것이 아니라

내 인생의 전환점이 되었다
　　　　　　　　　　-「전환점」전문

사람에게 누구나 전환점이 있습니다. 이전으로 돌아갈 수 없는 변곡점(inflection point)입니다. 소유의 삶이 아니라, 존재로서의 삶을 살아가겠다는 시인의 결단이 선 것입니다. 밥벌이로서의 책을 털어버리고 시인으로서의 인생의 전환점을 선언하는 것입니다. 그런데 이 전환점은 스스로의 선택과 노력에 의해서 결정되기도 하지만 우연에 의해서 발생하기도 합니다.

비암리 땅을 사면서
앞집 사장과 처음 조우했다
본인도 맞은편 땅을 샀다고

그런 저런
인사를 나누면 지나갔는데
나는 비암리 집을 짓고
앞집은 건너편에 물류창고를 짓는다

참
묘한 인연이다
이건 우연도 아니고
천생연분인가
그래 그렇게 믿자

내 핸드폰은
앞집 사장으로 저장되었다

-「앞집 사장」전문

생각지 못한 만남이
나의 영혼을 깨우치게 하는
단초가 될 줄은 몰랐다

바람결에 스쳐 지나가는
인연이
수없이 지나갔건만

생각과 삶의 족적으로
남길 수 있는 만남은
손가락으로 헤아릴 수 없는
인연

백사장 모래알보다
더 소중한 인연

-「인연」전문

이 앞집 사장이 바로 안기풍 시인입니다. 안기풍 시인을 만나고 원송문학회에 가입하여 시를 쓰기 시작하고, 그리고 시인이 됩니다. 우연이 삶을 가르기도 합니다. 우리는 인생을 계획해서 살지만, 계획대로 되는 삶은 없습니다. 친절한 심리학은 삶의 단계마다 해야 할 발달 과업까지 제시하지만, 사는 것은 마치 등산과 같아서 예정에 없는 날씨 변화와 질병과 고난을 통해서, 그리고 기대하지 않은 귀인과의 만남을 통해서 인생이 확확 변하기도 합니다. '모사(某事)는 사람이 하여도 경영은 하느님이 한다.'는 성경 말씀처럼 예상치 않은 날씨가 계획을 멈춰 세우고, 사고나 질병이 인생의 발길을 주저앉히기도 합니다. 사실 우연은 없습니다. 인연이 되는 우연은 필연입니다.

삶은
나 스스로 성장하는 것이
아니라
옆 사람 사랑으로 크는 것이다

인생이
그걸 모르고
내 삶만 최고라 한다.

내 삶에
지팡이가 필요할 때
작대기 하나 건네주는
그 사람이
진정한 사랑이 아닐까

왜
그 마음
잠시 잊고 살까?

-「삶 1」 전문

지금 걷는 인생길은 직선이지만, 돌아보면 끝없이 굽이굽이 돌고 도는 길이었을 수 있습니다. 산비탈을 탔다가 산모퉁이를 돌면 계곡 아래로 빠지고 자그마한 나무다리나 징검다리를 건너면 다시 비탈로 이어지는 식의 길을 걸을 수도 있습니다. 문명이 직선이라면 자연은 곡선입니다. 사실 문명이란 자연의 곡선을 굳이 직선의 길로 바꾸는 것이라고 할 수 있지만 그게 전부는 아닙니다. 개 짖는 소리가 들릴 만큼 빤한 거리처럼 보여도 인생은 돌고 돌아가는 길일 수도 있습니다. 인생길을 걸으면서 우리 삶을 지탱해주고 갈 길을 가게 해준 것은 가족입니다. 특히 권혁국 시인에게 있어서 엄마는 삶의 중심에 있습니다. 아버지의 근무처에 따라

중앙선을 타고 오르고 내리며 이사하는 길의 중심에는 항상 엄마가 있었을 것입니다. 칠십이 가까운 시인에게 엄마는 여전히 삶의 원천이요 감정의 원형질입니다.

    엄마 엄마
    아무리 불러도
    그리운 엄마

    미안합니다
    죄송합니다
    사랑합니다

    오래오래 사세요
    어릴 적 철부지로
    엄마 품에 자식이 스며들게요
                      -「엄마 Ⅰ」 전문

    누가 뭐라 해도
    나의 엄마는
    내 엄마라는 사실

    엄마에게 해줄 수 있는 마음은
    나의 육체 영혼
    사라지는 한이 있더라도
    모든 것은 엄마 것

엄마
살아있는 날까지
행복 건강한 삶을 누리세요

엄마
내 엄마라서 행복합니다
-「엄마 Ⅱ」 전문

삶의 길잡이였던 엄마는 이제 스스로 삶을 영위할 수 없는 노인이 되었습니다. 정신은 어린아이가 되어가고, 판단력도 온전치 않지만 여전히 자식을 걱정하는 부모입니다. 엄마 앞에서는 자식은 한없이 작아지고 무기력한 존재일 뿐입니다.

나는 부모님께 어떤 자식일까
창가에 앉아 망상에 잠긴다

엄마는
버스비가 아까워
십 리 길 읍내 5일 장날
소쿠리 머리에 이고
젖먹이를 등에 업고
산비탈을 지나 오솔길 신작로 길
읍내 번화가 돌아오는 길

한 손에 고등어자반
소쿠리에는 갖은 생활 물품
힘들어도 등에 온기를 느끼며
새근새근 곤히 잠든 아이 모습
육신은 힘들어도
마음은 행복의 날갯짓을 한다

엄마는
어린아이로 돌아가는데
자식은 철없는 행동만 한다

- 「회상」 전문

이제 시인은 서점 경영자가 아니라 택시 기사가 되었습니다. 한 평도 안 되는 택시 안의 공간에서 손님들을 만나고 손님이라는 렌즈를 통해서 인생을 새롭게 조망하기 시작합니다. 평생을 철도 라인을 따라 이동하면서 살던 시인이 택시라는 교통 수단으로 밥벌이를 하고, 택시를 통해 만나는 사람을 통해서 인생을 통찰해 보는 것은 그의 삶의 필연적인 결과일지도 모른다는 생각을 해봅니다.

목구멍에 거미줄을 치고
택시는 움직인다

손님은 없다
물가는 오르고
금리는 올랐다

육순의 나이에
가지고 있는 건 운전면허

애마를 타고
정처 없는 길을 간다

어디로 가는지 모른다
그러나 나는 가야 한다

삶은 멈추지 않는다
그래서 나는 움직인다

손님 없는 텅 빈 택시
기다림의 연속

애마도 울고
나도 운다

서민들의 삶은 슬프다
열심히 일하지만
항상 가난하다

낡고 망가져 있는
애마를 끌고 다니지만
오늘도 희망을 찾아 떠난다

-「택시기사 Ⅱ」전문

무엇보다도 시인의 삶에 있어서 가장 극적인 전환점은 기산리 골짜기, 자연에 정착한 삶이라고 할 수 있습니다. 시인의 시에서 가장 주목해야 하는 것은 삶의 장소성(locality)입니다. 사람의 삶은 장소가 결정합니다. 장소는 개인 또는 사회의 삶에 절대적으로 영향을 미칩니다. 사막과 초원을 분리해서 생각할 수 없는 몽골족의 흥망성쇠 따위를 들먹이지 않더라도 사람은 자기가 살고 있는 자연환경의 영향은 받을 수밖에 없고, 이런 영향은 유전자 못지않게 두고두고 영향을 미칠 수밖에 없습니다. 시인은 도시의 분주한 일상과 소음을 벗어나 자연을 관조하고 있습니다. 단풍은 산 아래로 자연스럽게 내려오는데 기어이 거꾸로 산을 오르려는 인간의 욕망을 포착해서 비교하는 수준에 와 있습니다.

산 정상에서
울긋불긋 단풍이
아래로

아래로
내려온다

자유를 찾으러
허기진 배고픔으로
앙상한 가지만 남아
봄을 위해
희망을 주는 선물일 줄이야

우리는 너를 보려고
올라가는데
너는 욕심을 버리고
내려온다

- 「단풍」 전문

산마을 사람들은 산에 의존하며 삽니다. 산마을 사람들은 산을 두려워하고 함부로 하지 않습니다. 자연의 질서와 시간의 진행에 순응하여 살아갑니다. 산마을 사람들은 길 위에 있고, 산속에서 있으며 이 산중의 자연을 내면화하며 함께 살아야 합니다. 자연이 종교 안에 들어와 있으며, 자연의 색상과 선(線)이 시 안에 들어와 있습니다. 사람들은 하늘과 바위 아래서 차가운 흙과 아침의 태양과 상처 입은 꽃들의 내음을 들이마시고 살아갑니다. 「겨울 문턱」과 「사계절」을 보면 시인의 이미 자연의 세계에 깊숙이 침잠하여 물아일체의 세계 속에 살고 있습니다.

겨울 문턱에서
산천초목이 쥐죽은 듯
숙연해진다

스쳐 지나는 바람 소리에
나뒹구는 나뭇잎

화들짝 놀라
어느 틈새라도
머리를 처박고 나오려 하지 않는다

산 짐승들은 어디로 갔을까
곳간에 모아둔
양식은 잘 있는지
혹여나 보관한 것을 몰라
엄동설한 추위를 이겨낼 수 있을지

그래도 살아서
우리 곁으로 오겠지

배추 삼백 포기
무 삼백 포기

연탄 삼백 장 장만하면
어느 부잣집도 부럽지 않은
겨울을 버티어 낸
옛사람이 그립습니다
						- 「겨울 문턱」 전문

자연이
내게로 온다
나는 해준 게 없는데너
는 무한한 사랑을 준다

봄에는
모든 만물이 기지개 펴면서
생명의 불씨를 지피고

여름에는
혈기왕성한 모습으로
울창한 숲과 산소를 공급하고

가을에는
풍성한 결실과
아름다운 물감을 선물하고

겨울에는
앙상한 가지만 남아
눈송이를 이불 삼고

다음에 올
봄을 생각하겠지

　　　　　　　　　-「사계절」전문

첫 시집을 내는 권혁국 시인이 이제 도시와 문명의 이분법적 인식에서 벗어나 몸으로 살아가는 세계를 살아가기를 권합니다. 시인은 몸 감각의 경험을 통해 감응하고 공명하는 자연의 세계와 몸의 원초적 상태를 자각하여야 합니다. 감각 체험으로 실존하고 있는 몸주체의 현실을 자각하면서 자연을 나의 내면 속으로 끌어들이고 내 안에서 자연의 소리를 들을 수 있도록 감각을 단련하기 바랍니다. 몸과 자연, 상호주체가 어울리며 고유한 서로의 아름다움을 표현하며 세계를 형상화해 나가는 좋은 시인으로 성장해 가시리라 믿습니다.